Inhalt

Energetische Gebäudesanierung - CO2 sparen mit Förderung

Kernthesen

Beitrag

Fallbeispiele

Weiterführende Literatur

Impressum

Energetische Gebäudesanierung - CO2 sparen mit Förderung

I.Zeilhofer-Ficker

Kernthesen

- Ein Drittel des gesamten Energieverbrauchs wird in Deutschland für Heizung und Warmwasserbereitung verwendet.
- Da rund 28 Millionen Wohnungen mehr Heizenergie verbrauchen, als es dem Stand der Technik entspricht, ist der dadurch verursachte CO2-Ausstoß viel zu hoch.
- Der Gebäude-Energieausweis, der ab 1. Juli 2008 zur Pflicht gemacht wurde, soll einen Anreiz zur energetischen Gebäudesanierung

geben.

Beitrag

Die Heizungs- und Warmwasserkosten sind in den vergangenen Jahren kräftig gestiegen. Der Preis für Erdgas hat sich zwischen den Jahren 2000 und 2006 um 64 Prozent erhöht, Heizöl wurde um 35 Prozent teurer. Mieter und Eigentümer leiden unter diesen Preissteigerungen gleichermaßen. Ein Großteil der Heizkosten könnte aber gespart werden, wenn die Wohnungen und Häuser energetisch modernisiert würden. (1)

Sanierungsbedarf im Gebäudebestand

In den Jahren nach dem zweiten Weltkrieg herrschte akuter Wohnungsmangel in Deutschland. Es wurde deshalb im ganzen Land gebaut was das Zeug hielt. Das Ergebnis heute: rund 80 Prozent aller Wohngebäude wurden vor 1978 erstellt und die meisten davon sind sanierungsbedürftig. Vor allem der Energieverbrauch für Heizen und Warmwasserbereitung ist viel zu hoch. Erst seit 1978 muss den Vorschriften der damaligen

Wärmeschutzverordnung heute der Energieeinsparverordnung (EnEV) bei Neubauten entsprochen werden. Doch zum Sanieren von Altbauten kann man niemanden zwingen noch nicht. (2), (3)

41 Prozent des Primärenergiebedarfs fällt für Gebäude an. Zum Vergleich: der Anteil des gesamten Verkehrssektors beträgt nur 28 Prozent. Dieser hohe Energieverbrauch ist darauf zurückzuführen, dass nur rund 10 Prozent der deutschen Heizungsanlagen dem neuesten Stand entsprechen und die wenigsten Gebäude mit einem Dämmschutz versehen sind. Würden alle Dächer und Wände mit einem ausreichenden Wärmeschutz versehen, würden alle Fenster mit Wärmeschutzverglasung ausgestattet und alle Heizungsanlagen durch moderne Geräte ausgetauscht, so könnten 125 Terawattstunden an Energie eingespart werden. Dazu müssten allerdings zwanzig Milliarden Euro investiert werden, wofür aber vier Milliarden Euro Heizkosten weniger pro Jahr anfallen könnten. 60 Millionen Tonnen CO_2-Emissionen könnten dadurch pro Jahr vermieden werden. Deutschland wäre dem Ziel, den Klimawandel aufzuhalten, ein großes Stück näher als heute. (4), (5)

Was könnte getan werden

28 Millionen Wohnungen 70 Prozent des Gebäudebestandes müssten dringend renoviert werden. Durchschnittlich vergehen 24 Jahre, bis eine Heizungsanlage modernisiert wird. Zwei Millionen Wärmeerzeuger in Deutschland sind sogar älter als 25 Jahre. Diese Heizungsanlagen müssen dringend durch energiesparende Geräte ersetzt werden. Zur Wahl stehen die verschiedensten Techniken von der Holzpelletheizung bis zu Sonnenkollektoren. Und der Austausch der Heizanlage ist vergleichsweise einfach, der finanzielle Aufwand überschaubar. Doch in der Realität sieht es leider anders aus. Im ersten Halbjahr 2007 ging die Nachfrage nach modernen, energiesparenden Heizanlagen um über zwanzig Prozent zurück. Als Gründe hat die Branche die unklare Förderpolitik ausgemacht. Denn mal gibt es eine staatliche Förderung für die energietechnische Modernisierung, mal gibt es sie nicht. Oder es gibt sie nur für bestimmte Energieformen. (4), (5), (6), (7)

Am wirkungsvollsten sparen Maßnahmen zur Dämmung der Gebäude Heizenergie ein. Schon die Dachdämmung allein kann zu einem um bis zu 20 Prozent niedrigeren Heizenergiebedarf führen. Eine Isolierung der Kellerdecken ist ebenso einfach wie wirkungsvoll. Etwas aufwendiger gestaltet sich die

Fassadendämmung, sodass diese am sinnvollsten mit einer sowieso anstehenden Fassadenrenovierung verbunden werden sollte. Der Austausch von einfachen Fenstern durch Wärmeschutzfenster ist meist sehr aufwendig und rechnet sich erst nach vielen Jahren. (4), (6), (7)

Insgesamt können durch die energetische Modernisierung bis zu 70 Prozent des Energiebedarfs für Heizung und Warmwasser eingespart werden. Bei weiter steigenden Energiepreisen summiert sich das pro Jahr zu einer beträchtlichen Summe an Geld. Die Kohlendioxidemissionen könnten so ebenfalls deutlich reduziert werden. (4)

Der Energieausweis

Zum 1. Oktober 2007 trat die EnEV 2007 (Energieeinsparverordnung) in Kraft, die den Energiepass für Wohngebäude ab dem 1. Juli 2008 zur Pflicht macht. Der Gebäudepass muss immer dann vorgelegt werden, soll ein vor 1965 gebautes Wohngebäude oder eine Wohnung verkauft oder vermietet werden. Zum 1. Januar 2009 werden dann die Wohngebäude egal welchen Alters von der Energiepasspflicht erfasst, zum 1. Juli 2009 müssen auch Nichtwohngebäude über einen Ausweis verfügen. (7), (8)

Der Energiepass wird über einen Farbcode anzeigen, ob eine Wohnung viel oder wenig Heizenergie verbraucht. Potenzielle Käufer oder Mieter sollen dadurch einen Hinweis auf künftige Nebenkosten erhalten. Für Eigentümer soll dadurch ein weiterer Anreiz zur Modernisierungsinvestition geschaffen werden. Denn eine Wohnung mit geringem Heizkostenbedarf lässt sich leichter und teurer verkaufen oder vermieten. (7), (8)

Anreiz durch Förderungen

Für große Wohnungsbaugesellschaften gehört die regelmäßige Instandhaltung und Modernisierung der Gebäude zum normalen Geschäftsgebaren. Sie haben längst in die energetische Aufrüstung investiert. Die privaten Eigentümer von oft nur wenigen Wohnungen oder des eigenen Häuschens verfügen oft nicht über die benötigten finanziellen Mittel für die Modernisierung. Es gibt zwar diverse Fördermittel des Bundes, der Länder und anderer Stellen, die abhängig von Art und Höhe der Sanierungsinvestition abrufbar sind. Aber der normale Wohnungsbesitzer findet sicher im Förderdschungel nur schwer zurecht. In einigen

Bundesländern gibt es deshalb die Möglichkeit der Beratung über Fördermittel und des Energie-Checks für Gebäude zu geringen Kosten. Nach der Überprüfung eines Gebäudes durch Fachleute ist der erste Schritt zur Modernisierungsinvestition meist nicht mehr weit. Die zinsgünstigen Darlehen der Kreditanstalt für Wiederaufbau und sonstigen Förderungen nimmt man dazu gerne in Anspruch. (4), (6), (7)

Fallbeispiele

90 Millionen Euro stehen in Hessen für Energieeffizienzmaßnahmen im Mietwohnungsbau zur Verfügung. Förderberechtigt sind alle Eigentümer, die mehr als vier Wohnungen sanieren. Die Förderung erfolgt über einen Zinsabschlag auf Kredite. (10)

Die deutsche Bundesstiftung Umwelt hat in Münster/Osnabrück-Emsland ein Pilotprogramm mit fünf Millionen Euro Fördermittel gestartet. Die Gelder werden zur Finanzierung eines kostenlosen Energie-Checks für Hausbesitzer verwendet. (11)

Laut einer Musterrechnung der FINANZtest lassen sich in alten Häusern bis zu 80 Prozent des Energiebedarfs einsparen. Ist für ein 34 Jahre altes Eigenheim mit 150 Quadratmetern Wohnfläche momentan mit rund 2 000 Euro jährlichen Heizkosten zu rechnen, so können diese durch verschiedene Sanierungsmaßnahmen auf 621 Euro pro Jahr gesenkt werden. Der dafür nötigen Investitionssumme von Euro 35 000 steht in 20 Jahren eine Heizkosteneinsparung von 42 500 Euro gegenüber. Es bleibt also ein Plus von 7 500 Euro. (6)

Die baden-württembergische Landesregierung hat kürzlich beschlossen, dass in allen neuen Häusern Ökoheizungen eingebaut werden müssen. Auch im Altbestand sind künftig ökologische Heizungsanlagen Pflicht, allerdings erst, wenn die Heizung sowieso ausgetauscht werden muss. Mindestens zehn Prozent des Energiebedarfs muss künftig durch Erneuerbare Energien gedeckt werden. (12)

Weiterführende Literatur

(1) O.V., Immobilien Mietnebenkosten in Deutschland, Süddeutsche Zeitung, 02.03.2007, Ausgabe Deutschland, S. V2/2
aus Süddeutsche Zeitung, 02.03.2007, Ausgabe Deutschland, S. V2/2

(2) Energiesparen zahlt sich aus
aus Handelsblatt Nr. 113 vom 15.06.07 Seite b03

(3) Sanierungsstau in Deutschland - Renovieren und Modernisieren mit BHW
aus AssCompact Nr. 10 vom 05.10.2007 Seite 124

(4) Hoffmann, Reinhard, Energie sparen mit dickem Mantel, handwerk magazin, Heft 8/2007, S. 48-50
aus AssCompact Nr. 10 vom 05.10.2007 Seite 124

(5) Im Wärmemarkt lässt sich viel sparen
aus VDI NR. 38 VOM 21.09.2007 SEITE 20

(6) O.V., Aus Alt wird Neu, Spiegel Online, 13.09.2007, 07:17:03
aus VDI NR. 38 VOM 21.09.2007 SEITE 20

(7) Wer soll das bezahlen?
aus DIE ZEIT Nr.38

(8) In Zukunft soll jeder über den Energieverbrauch Bescheid wissen
aus VDI NR. 39 VOM 28.09.2007 SEITE 20

(9) Ministerien einig über Pflicht zur Wärmedämmung Regierung plant Pflicht zur Wärmedämmung
aus Süddeutsche Zeitung, 16.08.2007, Ausgabe Bayern, München, Deutschland, S. 6

(10) HESSEN Land fördert neue Heizung
aus Immobilien Zeitung Nr. 38 vom 27.09.2007 Seite 21

(11) Verbraucher-Service: "Haus sanieren - profitieren" - DBU fördert Energie-Checks aus WIRTSCHAFTS-INFORMATIONS-DIENST ENERGIE Nr.34 vom 24.August 2007

(12) «Bund sollte Ökohaus zum Standard erklären» aus netzeitung.de vom 11.07.2007

Impressum

Energetische Gebäudesanierung - CO2 sparen mit Förderung

Bibliografische Information der deutschen Nationalbibliothek

Die Deutsche Nationalbibliothek verzeichnet diese Publikation in der deutschen Nationalbibliografie; detaillierte bibliografische Daten sind im Internet über http://dnb.d-nb.de abrufbar.

ISBN: 978-3-7379-1481-9

© 2015 GBI-Genios Deutsche Wirtschaftsdatenbank GmbH, Freischützstraße 96, 81927 München, www.genios.de

Alle Rechte vorbehalten. Dieses Werk ist einschließlich aller seiner Teile – z.B. Texte, Tabellen und Grafiken - urheberrechtlich geschützt. Jede Verwertung außerhalb der Grenzen des Urheberrechtsgesetzes bedarf der vorherigen Zustimmung des Verlags. Dies gilt insbesondere auch für auszugsweise Nachdrucke, fotomechanische Vervielfältigungen (Fotokopie/Mikroskopie), Übersetzungen, Auswertungen durch Datenbanken oder ähnliche Einrichtungen und die Einspeicherung und Verarbeitung in elektronischen Systemen.